Frédéric Albouy

ODE A LA NATURE

Arboretum
La Terre vue du Poète

Paris

Paris, Août 2016
Editions fA
© Copyright fA 2016

www.cyberpoesie.net

ISBN n° 979-10-96680-02-3

A la Nature et aux Patriarches des forêts

ARBORETUM

ARBRE

A l'automne
Devenir dur de la feuille
Et perdre ses cheveux.

DES ARBRES PAS COMME

LES AUTRES

ARBRE A CARAMEL

Odeur
Prête-à-porter,
Sans sucre ajouté.

ARBRE A LAQUE

(Vernis du Japon)

Laquais
Verni d'avoir hérité
Des couleurs du maître.

ARBRE A PERRUQUES

Se déguiser
Pour passer inaperçu,
Vaine tentative.

ARBRE AUX POCHETTES

(aux mouchoirs)

Mouchoirs en poche
Pour dire adieu
A la belle saison.

ARBRE DE FER

(Parrotie de Perse)

Fer féerique
Des mille et une nuits
Ne rouillant qu'en automne.

ARBRE DE JUDEE

Feuillage en hosties
Pour absoudre
Les traîtres.

ARBRE DE NEIGE

Solitaire
Cherche bonhomme
Pour passer l'hiver.

BUIS

Quand les vacances sont finies
Pour les autres feuilles,
Faire l'école buissonnière.

CHÊNE-LIEGE

Goûter
Le bon vin
Sans jamais s'y noyer.

CHÊNE VERT

Un martien
Se croyant toujours
Au printemps.

DESESPOIR DU SINGE

Un arbre
Pour apprendre aux singes
A faire des grimaces.

GINKGO

(arbre aux 40 écus)

Cache des 40 voleurs,
Oreilles en éventail
Et culs par terre.

HEVEA

Se faire gommer
De la surface
De la planète.

HOUX

Piquer
La curiosité du Père Noël
Pour qu'il entre en la maison.

LIQUIDAMBAR

Des étoiles
Plein la tête
Pour enraciner les rêves.

MAGNOLIA

Cœur
D'artichaut
Pour ses jeunes filles en fleurs.

PALMIER-COCOTIER

Fantasmer
Sur les climats tempérés
A en perdre les boules.

TULIPIER DE VIRGINIE

Prince charmant
Pour calice
Aux pays des merveilles.

ZELKOVA

(Faux Orme de Sibérie)

Transfuge
Passé à l'Ouest
Avec de faux papiers.

CONIFERES

CEDRE DU LIBAN

Si toutes les religions
Se posaient sur l'arbre de la paix,
Auraient-elles vraiment l'air cônes ?

CYPRES

Attendre
Qu'un Cézanne passe en coup de vent
Pour peindre le ciel.

CYPRES CHAUVE

L'automne passa
Si près
Que le chapeau tomba.

EPICEA

Se faire voler
La vedette
Les jours de fête.

GENEVRIER

Garder la taille basse
Pour rester
Jeune et bien droit.

IF

Gentleman
Posant
Ses conditions.

MELEZE

Recueillir
Dans ses bras
Les skieurs maladroits.

PIN

Mutation de la pomme
Au contact de la vigne
Pour avoir pignon sur rue.

SAPIN

Se faire enguirlander
A en avoir les boules,
Pour le bonheur des enfants.

SEQUOIA

Géant rouge
Dont on s'abstient de faire
De petits livres.

THUYA

Tailler un costard
Ou faire une haie d'honneur ?
Hiatus chez les Thuyas.

FEUILLUS A FEUILLES SIMPLES

AULNE

Dresser ses chatons
A guetter l'instant
Où le printemps sourit.

BOULEAU

Condamné
Au travail
Forcé.

CATALPA

Quand le cœur n'y est plus,
Ranger ses états d'âme en gousses
Jusqu'au prochain printemps.

CHARME

Lever les bras au ciel
De tant voir les hommes
Succomber à celui des femmes.

CHÂTAIGNIER

En hiver,
Rester au chaud dans les journaux
Dont les nouvelles ne sont plus fraîches.

CHÊNE

Epargne
Pour écureuil
Dans la chaîne alimentaire.

CORNOUILLER

Se recroqueviller,
Le corps mouillé
Par la rosée du matin.

ERABLE

Don du sang
Pour crêpe
Au froment.

EUCALYPTUS

Quand vient l'hiver,
Finir la course
Dans un mouchoir de poche.

HÊTRE

Le front plissé
Devant l'indécision
De Shakespeare.

MICOCOULIER

Amener
La Provence à Paris
Pour que les pigeons roucoucoulent.

NOISETIER

Qui casse mes fruits
Récoltera ceux
De la célébrité.

ORME

Pour rester dans le vent,
Être branché
Dès le départ.

PAULOWNIA

Quand on a
Le cœur gros,
L'accrocher dans le ciel.

PEUPLIER

Aérer l'atmosphère
A grands coups de balai
Dans le ciel.

PLAQUEMINIER

Des petits fruits
Pour garder bonne mine
Quand les feuilles vous plaquent.

PLATANE

Boucles d'oreille,
Manteau de léopard,
Le corps marqué par les âges.

PLATANE-TRONCS

Faire des grimaces
Aux passants
Pour passer le temps.

SAULE

Pleurer
Le départ des amoureux
Et se sentir si saule.

TILLEUL

Ombre l'été,
Tisane l'hiver,
Travail saisonnier.

FEUILLUS A FEUILLES COMPOSEES

AILANTE

En prenant
De l'ailante
On peut grimper très haut.

ARBRE A SOIE

Avoir
Un arbre à soie
Pour l'offrir aux autres.

FEVIER

Rêver
D'un moi
Qui ne manque pas d'air.

FRÊNE

Freiner
Des quatre fers
Pour ne pas perdre son identité.

LILAS

Meute
Des parfumeurs,
L'hallali du lilas.

MARRONNIER

Papillonner l'été
Et se retrouver marron l'automne
Avec la mauvaise mine.

MIMOSA

Reprendre
A la verte Nature
Ses droits de couleur primaire.

NOYER

Cloner des cerveaux
Sans cœur
Pour noyer son chagrin.

PHELLODENDRON
(Arbre au liège de l'Amour)

Léger en amour
Pour ne pas être
Le dendron de la farce.

PTEROCARYER

Se laisser pousser
Des dents longues
Pour faire une belle ptéro-carrière.

ROBINIER

(Acacia)

Changer de nom
Pour mieux vendre
Son miel.

SAVONNIER

Être
Propre sur soi
En toute circonstance.

SOPHORA DU JAPON
(arbre des pagodes/arbre de miel)

Une pagode
Où se fera
Du bon miel.

SORBIER des oiseaux

Quand vient l'été,
Les oiseaux rêvent
D'un bon sorbier aux fruits rouges.

VIRGILIER

Un arbre
Bucolique
A en perdre son latin.

ARBRES FRUITIERS

ABRICOTIER

Pondre
Des œufs
Avec des fesses.

AMANDIER

Refleurir pour offrir
A chaque anniversaire
La crème des gâteaux.

ARBRE AUX FRAISES

Mettre un i au milieu des phrases
Et faire le point
Avec de la chantilly.

AUBEPINE

Rougir
Tous les ans
D'avoir autant d'épines.

CERISIER

Donner l'heure
Aux révolutions
Et des boucles d'oreilles aux enfants.

CITRONNIER

Réserve
De paires de seins à têter
Pour poissons pas nés.

COGNASSIER

Quand on a du pot,
On trouve un petit coing tranquille
Entre pâte et confiture.

FIGUIER

Faire pousser
Des améthystes comestibles.
Richesse intérieure.

GRENADIER

A dégoupiller
Militairement
Pour ne pas exploser de rage.

KAKI

Kamouflage
Ki trompe
Son monde.

LAURIER

Perdre ses feuilles en juin
Pour éviter aux étudiants
De repasser en septembre.

MERISIER

Cerisier
Censé
Porter la guigne.

MÛRIER

Donner ses fruits
Aux ronces
Et garder son ver à soi.

NEFLIER

Des refus catégoriques
Sucrés
Pour adoucir la vie.

OLIVIER

Se tordre de douleur
Pour accoucher du soleil
Dans un petit grain d'huile.

ORANGER

Cloner le soleil
Pour que les enfants
Puissent le croquer.

PÊCHER

Cueillir le fruit du péché
Ne donne la pêche
Qu'un court instant.

POIRIER

A l'image
Du Créateur
Mettre bas de bonnes poires.

POIVRIER

L'homme au bois,
La femme à table,
Voilà qui ne manque pas de sel.

POMMIER

Arbre à péchés
Qui a bien porté ses fruits
Depuis les débuts de l'humanité.

PRUNIER

Rester planté là,
Des mois et des mois,
Tout ça pour des prunes !

VIGNE

Prêter ses habits
Aux premiers venus
Les consommant avec modération.

LA TERRE VUE DU POETE

NATURE

PLANETE TERRE

Toupie
Une fois lancée
Pour cloner vos nuits.

TERRE HABITAT

Paradis
Artificiel
Pour non-voyants.

LUNE

Rappel
D'un futur
Possible.

SOLEIL

Rougir de honte
De mentir à ses sujets
En allant se coucher.

ECLIPSE

S'absenter
Quelque temps
Pour affaires cosmiques.

CIEUX

Placard à mythes,
Pour Dieux
Insensibles à la naphtaline.

ATMOSPHERE

Protéger
Ceux qui vous empoisonnent,
Serres du Destin.

EAU

Changer d'état
Comme de chemise,
En fonction de la météo.

FALAISE

Face au vent,
Pieds dans l'eau,
Attendant les bateaux.

FJORD

Fractale viking
Pour multiplier
La longueur des côtes.

GEYSER

Virilité
D'une Terre
Mère et père.

GEOTHERMIE

Pour l'énergie,
Se chauffer la croûte
A défaut de la casser.

AURORE BOREALE

Bougie quantique,
Lumière d'appoint
Pour les nuits polaires.

FEU

Danser
Sur les braises
Sans douleur.

VOLCAN

S'enflammer en surface
Puis cracher
La mémoire du cœur.

MAGMA

Pouls
De la Terre,
Qui mijote quelque chose.

SEISME

Terre qui ronfle
Et se retourne
Sous sa couette.

CRATERE

Rebond de bille
Dans la cour de récré
Cosmique.

MARMITE DE BOUE

Quand la boue bout
La marmite mijote
Un sale coup.

DESERT

Fuir le bord de mer
Pour éviter les touristes,
Sagesse du sable.

CIMES

Hisser sa tête
Hors de l'édredon
Pour voir si le jour s'est levé.

GROTTE

Discothèque
Pour amoureux
Patients.

SABLES MOUVANTS

Sol solide
Bémol
Jusqu'au liquide.

PLANTES

JUNGLE

Solitude
De l'oiseau rare
Dans la jungle des pages.

BROUSSE

Quelques têtes
De hautes herbes
Dépassant des animaux.

TOUNDRA

Alternance
Entre chômage technique
Et emploi saisonnier.

VEGETATION

Station-service
Du monde des vivants
Pour un plein d'oxygène.

PLANTES

Respirer à l'envers
Pour que la Terre
Tourne à l'endroit.

ORTIE

Shampouiner la tête
Et lacérer les jambes :
Parti pris de l'ortie.

GENETS

Eclats de lumière sur la côte
Dansant sur le mistral bleu
Pour attirer les poissons.

CACTUS

Barrer la route
A l'air chaud
Pour lui piquer son eau.

NENUPHAR

Membrane acoustique
Pour que le chant des grenouilles
Flotte au clair de lune.

LIERRE

Grimper au mur jusqu'aux fenêtres
Pour voir à quoi ressemble
L'intérieur d'un rêve.

GUI

Parasiter certains
Pour porter bonheur à d'autres,
Ils sont fous ces gaulois.

GERANIUM

Moustache
Des fenêtres de la ville
Prenant le soleil comme elles peuvent.

ROSEAU

Se plier
Aux forces de la Nature,
Bien pensé.

BAMBOUS

La survie
Des pandas
A bout de bras.

CHARDON

Rappeler aux jambes
De bien regarder
Où mettre les pieds.

FLEURS

FLEURS

Continuer
A porter le message
Là où les cavaliers s'arrêtent.

ROSE

Offrir les pétales
De son cœur
A qui en comprend les épines.

TULIPE

Se contorsionner
Pour tenir à bout de bras
Son calice de paix.

BLEUET

Se fondre dans la tombée de la nuit
Pour assister incognito
Au lever de lune.

LILAS

Pastels parfumés
Pour l'atelier
De Marie Laurencin.

PENSEES

Sensibles, colorées,
Confetti
De la solitude terrestre.

IRIS

Grande dame aux yeux bleus,
Avec son foulard
Et sa capuche.

JACINTHE

Rentrer sa tête
Dans les épaules
Pour se protéger du froid.

LYS

Noble,
Royal,
Exposé à la coupe.

ORCHIDEE

Tirer la langue
Et se faire admirer :
Audace florale ou masochisme humain ?

JASMIN

Se faire emboîter
Pour envoûter
La majorité.

LOTUS

Vigie
Dressée sur son mât
Scrutant la terre à l'horizon.

CROCUS

Après sa formation
En Espagne,
S'expatrier en cuisine.

MUGUET

Le premier mai
Brin de muguet
M'eut gai trouvé.

COQUELICOT

Venus en foule
Dans les champs
Voir travailler le peintre.

PAVOT

Destriers du Caucase
Qui vous prendront en croupe
Si vous goûtez à leurs cavalcades.

MARGUERITES

Des œufs au plat
A pétales
Pour s'assortir au pique-nique.

PAQUERETTE

Sortir au parc,
En bande,
Avec les copines.

VIOLETTE

Ultimatum
Du spectre
Avant bronzage.

CAMPANULE

Pas plus cloche
Ni plus nulle que vous,
Mais plus belle.

EDELWEISS

Faire croire à la montagne
Qu'à la tonte estivale
On lui laisse quelques cheveux blancs.

CHRYSANTHEMES

Passerelle florale
Entre âmes en vases
Communiquant.

AMOUR EN CAGE

Un cœur
Qui protège son âme
Quand l'amour y grandit.

TOURNESOL

Heure après heure,
Yeux dans les yeux,
Tenir tête au brillant imitateur.

HERBES

PISSENLIT

Semer les mots
Du dictionnaire
Pour cultiver la langue.

BASILIC

Patriote
Entre tomate et mozzarella
Complétant le drapeau national.

PERSIL

Cheveux plats
Ou cheveux frisés,
C'est le panier à salade.

LAVANDE

Entre deux draps bien propres,
Rêver de la garrigue
A en perdre haleine.

SAUGE

Laisser infuser
Les petites doses d'amertume
Pour mieux digérer la vie.

MENTHE

Sortant
Aussi
De la bouche des enfants.

CITRONNELLE

Découverte
De l'Asie du Sud-est
Dans une simple assiette.

OSEILLE

Plus
De saveur
Que d'odeur.

THYM ET ROMARIN

Mélomanes
Venus de concert pousser
Dans les chants de cigales.

TREFLE

Se tasser en tapis vert
Pour que les joueurs
Tentent leur chance.

MINERAL

OR

Ruée
Aux enfers
Pour chercheurs d'argent.

ARGENT

Être passé
Du réel au virtuel
Bien avant les gens.

VERRE

Insuffler la lumière
A la matière
Jusqu'à totale transparence.

CRISTAL

Briser le silence
Sans le troubler,
Limpidité du cristal.

CHARBON

Le meilleur filon
Pour mettre les poumons
En retraite.

GAZ NATUREL

Se terrer
Pour ne pas finir
Comme un hérétique.

PETROLE

Noircit
Surtout
Les cœurs.

SEL

A doser
Avec justesse
Pour assaisonner la vie.

OXYGENE

Rassurer les poumons des hommes
Pour qu'ils ne se fassent pas
Du mauvais sang.

AZOTE

Neutre,
Inerte,
Dans l'air du temps.

HELIUM

Icare
Plus léger que l'air
Remontant jusqu'à sa source.

CARBONE

Oxydation
En noirs desseins
D'une source de vie.

PLOMB

Un bon tuyau
Pour lester
Votre sommeil.

FER

Continuer
A faire son chemin
Depuis le premier âge.

CUIVRE

Verdir d'angoisse
En découvrant
Que le temps passe.

NICKEL

Monsieur propre,
De la tête
Aux pieds.

MERCURE

Cloué au lit
Avec de la température
Ou dehors à jouer aux billes.

SILICIUM

Evoluer
Dans un milieu de puces.
Vie de chien.

ALUMINIUM

Si fin
Qu'on l'enferme au garde-manger
Pour l'engraisser.

CHROME

Superficiel,
Chromosome
Creux.

URANIUM

Jeune riche
Promu
A un avenir radieux.

TITANE

Revanche
Contre la mythologie
Discriminatoire.

DEUTERIUM

De l'eau
Lourde
De conséquences.

NEON

Du Néant la Lumière surgit.
Et si ce n'était
Qu'une faute d'orthographe ?

FLUOR

Pompe
A lumière
Pour les nuits sans lune.

IODE

La perle
De la goutte d'eau
Retenue par les huîtres.

CHLORE

Après le nettoyage des sols,
Un bon bain à la piscine ;
Routine du chlore.

PHOSPHORE

Transférer à l'homme
L'intelligence des poissons.
Pour mieux pêcher ?

SOUFRE

Odeur de pet,
Couleur de geai,
Douleur de fait.

RAYONS X

Déshabiller
Les patients jusqu'à l'os ;
Mieux vaut rester inconnu.

CYANURE

Réalisateur
Donnant leur chance aux comédiens
Qui ont peu de lettres.

PIERRES

PIERRES

Livres
D'autrefois
Pour lecteurs avertis.

PIERRE PONCE

Crachée
Du creux de la Terre
Pour vous gratter la crasse.

GALET

Objectif ventre plat
Pour le concours de ricochets,
Régime de galère.

JADE

Reflet
Du paradis terrestre
Dans les yeux de l'empereur du Ciel.

OBSIDIENNE

Taillée
Dans les ténèbres
Par les prêtres aztèques.

AMETHYSTE

Confession
En demi-teinte
Du budget de l'Eglise.

DIAMANT

Mettre la pression,
Clé du succès
Des réformes de structure.

EMERAUDE

Île tropicale
A portée de main
Mais pas de bourse.

SAPHIR

Océan
Miniature
Fossilisé.

RUBIS

Goutte de sang
De la Terre,
Au coffre-fort.

TURQUOISE

Entre vert et bleu,
Entre Occident et Orient,
Entremetteuse.

ONYX

Mettre de côté
Sa veine
Pour l'avenir.

PERLE

Plus facile
D'en porter des fausses
Que d'en être une vraie.

PIERRE DE LUNE

Récepteur lunaire
Pour psyché
Non équipée.

MICA

Arlequin
D'un bal costumé
En queue de pie.

CORAIL

Barrière d'âmes
Pour protéger ses flancs
Des remous du Destin.

AMBRE

Passer résigné
D'un coup du sort
A un cou de femme.

FOSSILE

Rester de pierre
Devant
Le temps qui passe.

MARBRE

A coups de cicatrices
Graver dans sa mémoire
L'état civil de la planète.

QUARTZ

Autrefois dans le coup,
Maintenant aux menottes,
Signe du Temps.

NACRE

Sacre
D'une reine
Des coquillages.

ROSE DES SABLES

Vivre à la dure
Pour fleurir
Dans le désert.

DOLMEN

Abri
Anti-chute
Du ciel sur la tête.

MENHIR

Missile
Fossile
A court de cible.

CRAIE

Être attentif
Aux mouvements de la craie
Pour faire une belle carrière.

TALC

Poudre
De caresse
Pour petites fesses.

IVOIRE

Humaniste
Faisant vivre les dentistes
Et rêver les pianistes.

CLIMAT

SAISONS

Astuce du Créateur
Pour dérouter
Les extra-terrestres.

PRINTEMPS

Renaissance
Rappelée aux humains,
A chacun son cycle.

ETE

Invasion de crevettes roses
En surface,
Retraite des crabes sous le sable.

AUTOMNE

En voir de toutes les couleurs
Avant de s'affaler,
Epreuve de vie.

HIVER

Sur la page blanche
Slalomant vers toi
Ces quelques lignes.

MIRAGE

Torride mensonge
Dont le nez s'allonge
Quand on s'approche.

SECHERESSE

Etat d'âme
A consommer
Avec modération.

ARC-EN-CIEL

S'évaporant du rideau
Des tristesses en suspension,
Les plus belles couleurs du sensible.

NUAGES

Accueillir les poètes
Et laisser passer
Les hommes d'affaires.

VENT

Insuffler l'espoir
De jours meilleurs
Aux âmes en dépression.

BRUME

Estomper la réalité
Pour mener
La Poésie en promenade.

BROUILLARD

Ogre dévorant
Couleurs et contrastes
Dans la forêt du visible.

PLUIE

Solidarité
Des âmes
Pour abreuver les cœurs secs.

NEIGE

Rêves d'enfants
Déposés sur Terre
Pour adoucir l'hiver.

ROSEE

Suer à grosses gouttes
Au petit matin,
Gymnastique de l'herbe.

ORAGE

Ne gronder
Que lorsqu'on y voit clair,
Pédagogie de bon sens.

FOUDRE

Elément
A ne pas mettre
A l'index.

DELUGE

Pour faire face,
Monter l'âme sur pilotis
Dès la première averse.

CUMULONIMBUS

Une enclume en coulisses
Pour frapper
Les trois coups.

TONNERRE

Rot des Dieux
Lorsqu'ils avalent un éclair
Dans la précipitation.

FROID

Souffrir
Du
Froid. SDF.

AQUATIQUE

CYCLONE

Le blanc de l'œil
Dans une colère noire,
Rancune de cyclope.

VERGLAS

Pour une envolée
Inviter en sa couche
Les fesses légères.

GLACE

S'accrocher à sa cime,
Phobie de l'apéritif
Dans la vallée.

CREVASSE

Place
Où l'air se plisse
Quand la glace glisse.

ICEBERG

Quitter le front,
L'uniforme, et fondre
De joie en rentrant chez soi.

CANYON

Servir sur un plateau
Le passé
Aux présents.

CHUTE D'EAU

Horloge
Que l'on ne remonte
Que par évaporation.

RAPIDES

Torrents
D'amour
Dans un lit étroit.

SOURCE

Ressources de Vie
Puisées
Dans l'intangible.

FLEUVE

Avant que l'addition
Ne soit trop salée,
Se la couler douce.

LIMON

Matelas molletonné
Du lit de l'eau
Des rivières.

ESTUAIRE

Ouvrir grand la bouche
Sans boire la tasse,
Expiration du fleuve.

LAC

A la montagne,
L'eau
En vacances.

VAGUES

Comme l'océan des morts
Vers la Terre des vivants,
Donner l'impulsion en restant sur place.

MAREE

Faire le dos rond
Chaque fois
Que la Lune sourit.

ABYSSES

Transparence en surface,
Opacité des profondeurs,
La Lumière parvient difficilement au cœur.

MARAIS

Une tête,
Glissant
Au-dessus des joncs.

MARECAGE

Cage à oiseau,
Ouverte sur le dessus,
Avec une grande mangeoire.

BANQUISE

Rafraîchir
La mémoire de l'homme
Dès que la température s'élève.

OCEAN

Quand le vent se lève
Naviguer en confiance
Sur l'océan des âmes.

ICEBERG-2

Quand il fait chaud,
Se détacher du glacier
Pour faire trempette.

ATOLL

La voilà la vahiné
Dans l'atoll
Atomique.

FLUIDE

Trinité du fluide.
Corps matière, âme éther :
Chercher la fluidité de l'être.

BIBLIOGRAPHIE

Recueils de poésie du même auteur :

Bestigramme (calligrammes d'animaux)
Haïkus de voyage
Kaléidéogramme (calligrammes de caractères chinois)
Ode à la Nature – Arboretum et Terre vue du poète
Promenade enchantée – Petits contes de l'au-delà et poèmes
fantastiques
La Poésie dans la cuisine
L'Arche de Noé – Sonnets fanimaliers
Enfants - Grandir en poésie

Site Web, bibliothèque animée :

La fabliothèque : www.cyberpoesie.net

e-books parus ou à paraître :

Haïkus de voyage (Juillet 2016)
La Poésie dans la cuisine (Mai 2016)
L'Arche de Noé
Ode à la Nature (Août 2016)
Bestigramme (Juillet 2016)
Kaléidéogramme

ODE À LA NATURE

Promenade enchantée
Enfants – Grandir en Poésie

Livres d'artiste à tirage limité :

Bestigramme - 70 ex. - Novembre 2001
Bestiaire en calligrammes

Avec gravures de Gaëlle Pelachaud :
Haïkus de voyage - 40 ex. - Avril 2001
Electra - 70 ex. - Juillet 2002
Ode à la Nature - 40 ex. - Mai 2005
Le Juge Ti - 40 ex. - Novembre 2006

Avec illustrations de Michel Barbault :
Surcouf - 30 ex. - Novembre 2002
Le dernier dinosaure - 30 ex. - Novembre 2004

Avec aquarelles de Lam Lam :
Poésies orientales - Janvier 2001

NOTE DE L'AUTEUR

Pour alléger la présentation, les arbres de l'Arboretum ont été regroupés en parcelles (sous-chapitres), empruntant en général la classification usuelle, mais avec parfois une touche personnelle, notamment pour mettre en relief des arbres « pas comme les autres ». On invite le lecteur intéressé par la nomenclature officielle ou scientifique exacte à se rapporter aux ouvrages de référence sur les arbres ou aux encyclopédies en ligne.

TABLE DES MATIERES

ODE À LA NATURE

<u>Couverture (photo de l'auteur)</u> :

Rhus Potaninii, Vernis de Chine
Arboretum du Bois de Vincennes, Paris
Automne 2010

Dépôt légal
Août 2016

www.ingramcontent.com/pod-product-compliance
Lightning Source LLC
Chambersburg PA
CBHW052039150726

48002CB00002B/674